AF201370

Impressum
Verlag: BABADADA GmbH, Nedderfeld 112 , 22529 Hamburg
Geschäftsführer / Verlagsleitung: Harald Hof
Druck: Books on Demand GmbH, In de Tarpen 42, 22848 Norderstedt

Imprint
Publisher: BABADADA GmbH, Nedderfeld 112 , 22529 Hamburg, Germany
Managing Director / Publishing direction: Harald Hof
Print: Books on Demand GmbH, In de Tarpen 42, 22848 Norderstedt, Germany

escola
sekolah

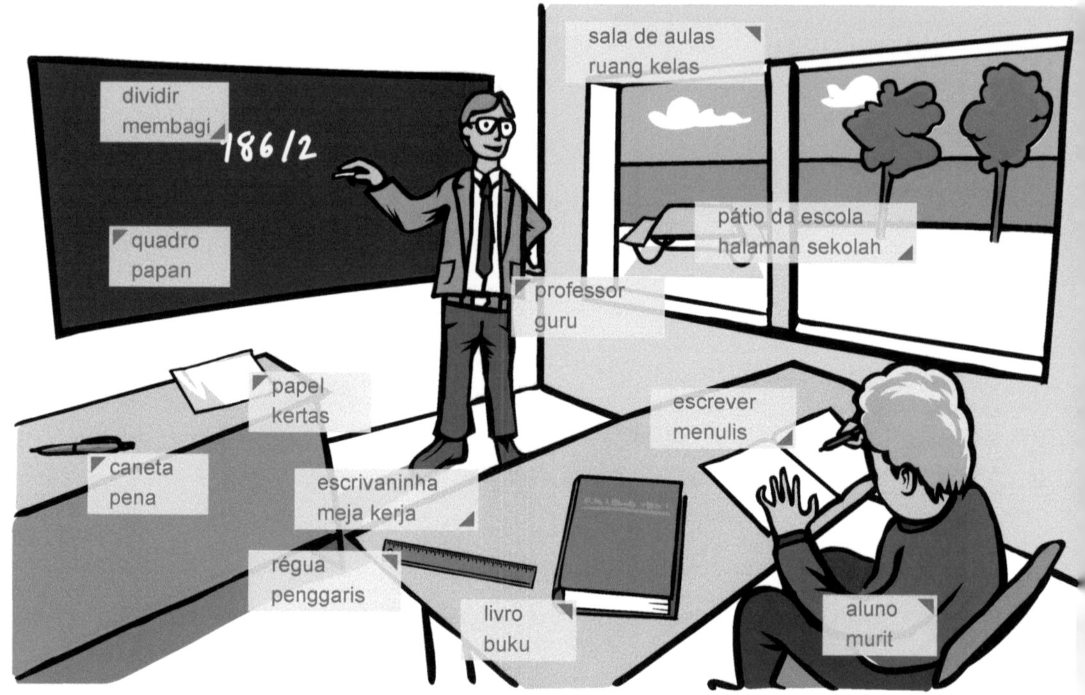

sala de aulas
ruang kelas
dividir
membagi
186/2
quadro
papan
pátio da escola
halaman sekolah
professor
guru
papel
kertas
escrever
menulis
caneta
pena
escrivaninha
meja kerja
régua
penggaris
livro
buku
aluno
murit

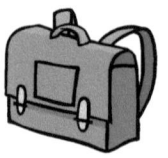

sacola
tas sekolah

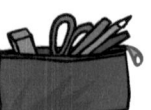

estojo de lápis
tempat pensil

lápis
pensil

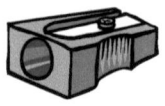

apontador de lápis
pengasah pensil

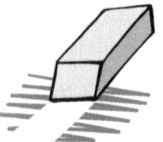

borracha
penghapus

bloco de desenho
kertas gambar

desenho
gambar

pincel
kuas

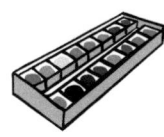

estojo de tintas
kotak cat

tesoura
gunting

cola
lem

livro de exercícios
buku latihan

lição de casa
pekerjaan rumah

12

número
angka

2+2

somar
tambhakan

5-2

subtrair
mengurangi

2×2

multiplicar
mengalikan

calcular
menghitung

A

letra
huruf

ABCDEFG
HIJKLMN
OPQRSTU
VWXYZ

alfabeto
alfabet

hello

palavra
kata

texto
teks

ler
membaca

giz
kapur

hora
pelajaran

registro da classe
daftar

exame
ujian

certificado
sertifikat

uniforme escolar
seragam sekolah

educação
pendidikan

enciclopédia
ensiklopedi

universidade
universitas

microscópio
mikroskop

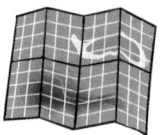

mapa
peta

cesto de lixo
tempat sampah

viagem
perjalanan

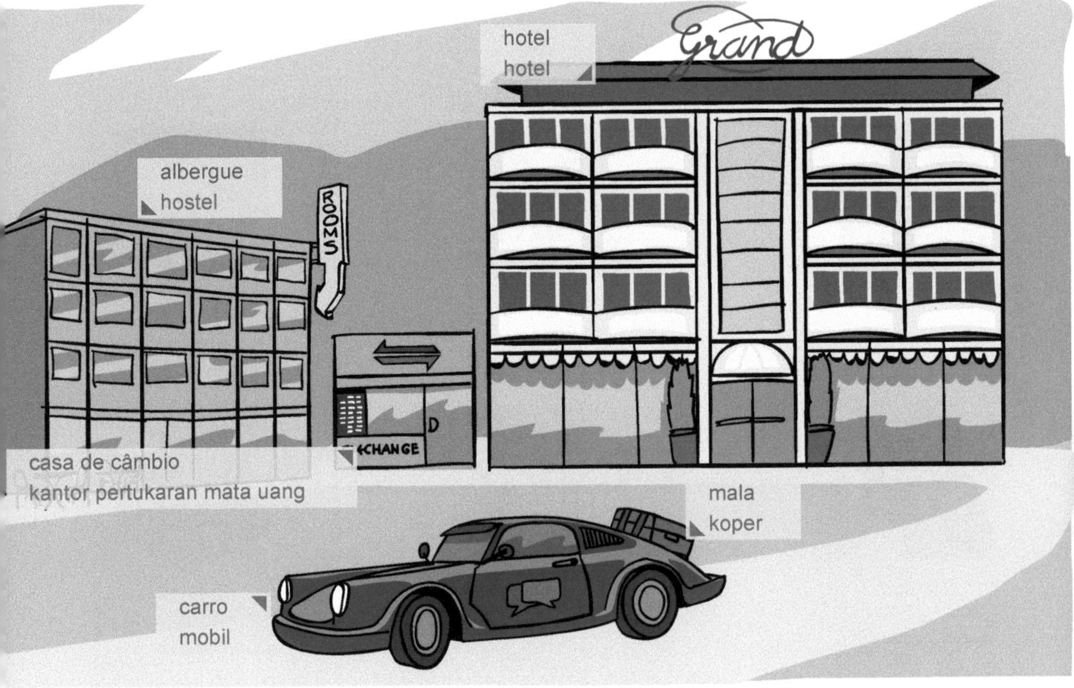
hotel
hotel
Grand
albergue
hostel
ROOMS
EXCHANGE
casa de câmbio
kantor pertukaran mata uang
mala
koper
carro
mobil

idioma

bahasa

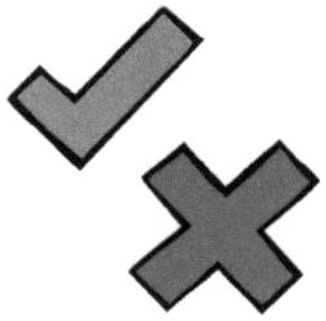

sim / não

ya / tidak

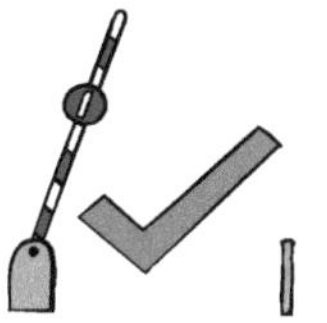

ok

okay

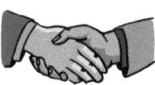

Olá

hallo

tradutor

penerjemah

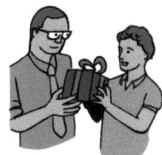

obrigado

terima kasih

quanto custa...?

Berapa harganya...?

eu não entendo

saya tidak mengerti

problema

masalah

boa noite!

Selamat malam!

Bom dia!

Selamat siang!

Boa noite!

Selamat tidur!

até logo

sampai jumpa

direção

arah

bagagem

bagasi

bolsa

tas

mochila

ransel

convidado

tamu

quarto

ruang

saco de dormir

kantong tidur

barraca

tenda

informação turística

informasi wisata

praia

pantai

cartão de crédito

kartu kredit

café da manhã

sarapan

almoço

makan siang

jantar

makan malam

bilhete

tiket

elevador

elevator

selo

perangko

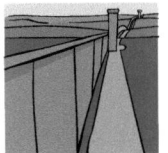

fronteira

perbatasan

alfândega

cukai

embaixada

kedutaan

visto

visa

passaporte

paspor

transporte

transportasi

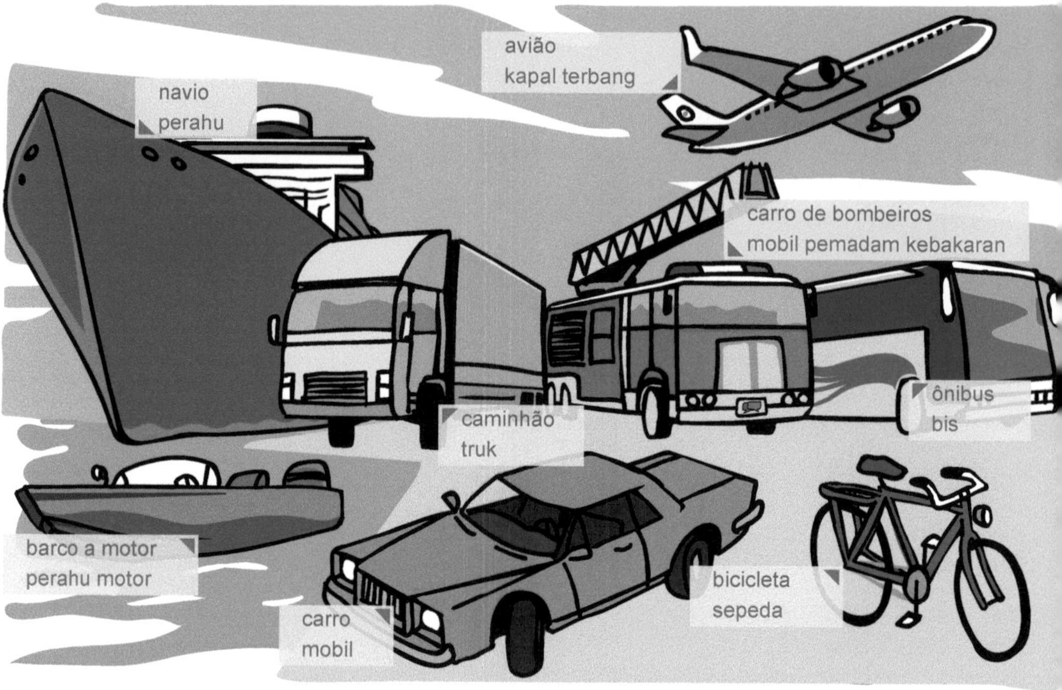

navio
perahu
avião
kapal terbang
carro de bombeiros
mobil pemadam kebakaran
caminhão
truk
ônibus
bis
barco a motor
perahu motor
carro
mobil
bicicleta
sepeda

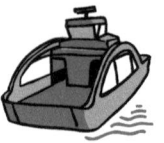

balsa

feri

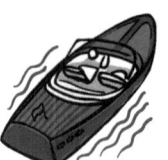

barco

perahu

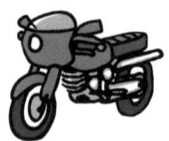

motocicleta

sepeda motor

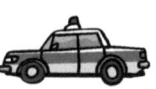

veículo policial

mobil polisi

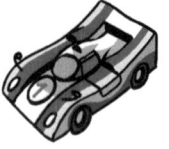

carro de corrida

mobil balapan

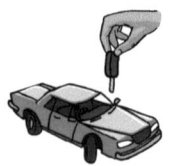

carro de aluguel

mobil sewa

compartilhamento de automóvel
berbagi mobil

caminhão de reboque
truk derek

caminhão de lixo
truk sampah

motor
motor

combustível
bahan bakar

posto de gasolina
bensin

placa de trânsito
tanda lalulintas

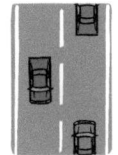

trânsito
lalulintas

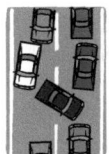

trânsito lento
macet

estacionamento
parkir mobil

estação de trem
stasiun kereta

trilhos
trek

trem
kereta api

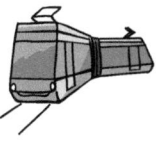

bonde
tram

vagão
gerobak

helicóptero
helikopter

aeroporto
bendara

torre
menara

passageiro
penumpang

contêiner
container

cartolina
karton

carroça
troli

cesto
keranjang

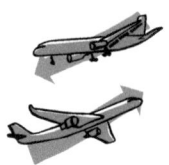

decolar / pousar
berangkat / mendarat

cidade

kota

vilarejo
desa

centro da cidade
pusat kota

casa
rumah

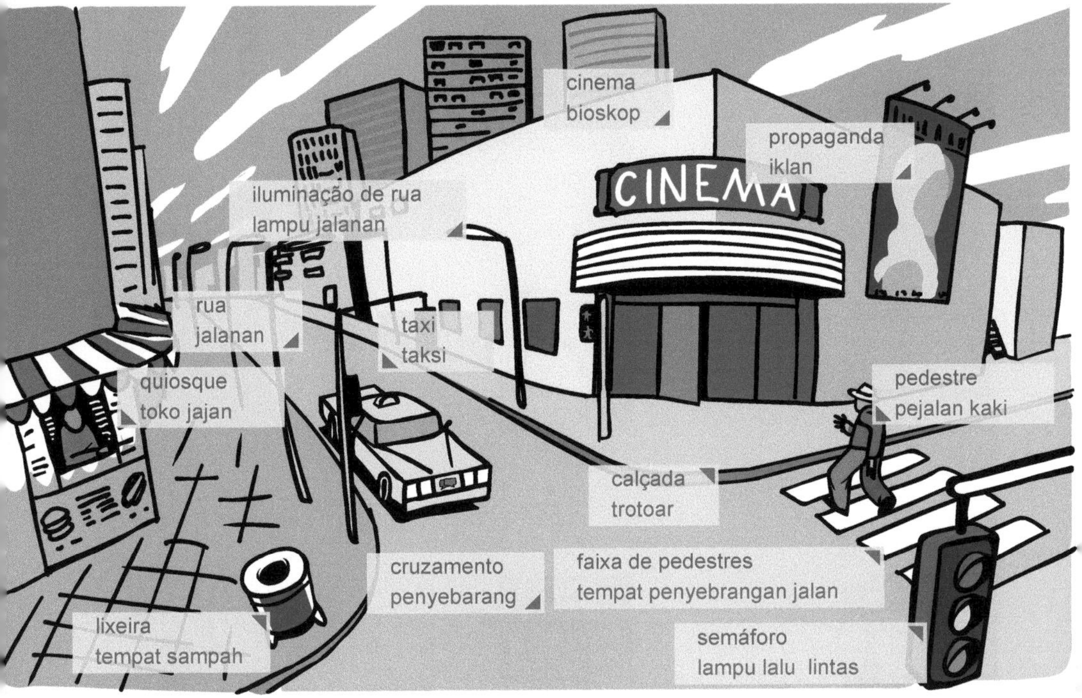

cinema
bioskop
propaganda
iklan
CINEMA
iluminação de rua
lampu jalanan
rua
jalanan
taxi
taksi
quiosque
toko jajan
pedestre
pejalan kaki
calçada
trotoar
cruzamento
penyebarang
faixa de pedestres
tempat penyebrangan jalan
lixeira
tempat sampah
semáforo
lampu lalu lintas

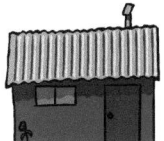

cabana
gubuk

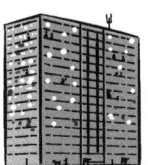

apartamento
rumah flat

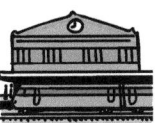

estação de trem
stasiun kereta

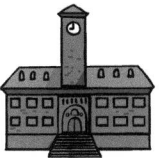

prefeitura
balai kota

MUSEUM
museu
museum

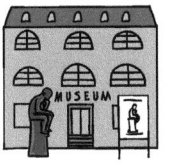

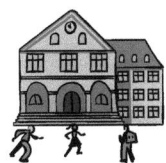

escola
sekolah

universidade

universitas

banco

bank

hospital

rumah sakit

hotel

hotel

farmácia

farmasi

escritório

kantor

livraria

toko buku

loja

toko

floricultura

toko bunga

supermercado

supermarket

mercado

pasar

loja de departamentos

toko serba ada

peixaria

nelayan

centro comercial

pusat belanja

porto

pelabuhan

parque

taman

banco

banku

ponte

jembatan

escadas

tangga

metrô

kereta bawah tanah

túnel

terowongan

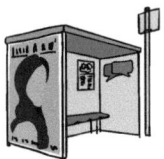

ponto de ônibus

pemberhantian bis

bar

bar

restaurante

restauran

caixa de correspondência

kotak surat

placa de rua

tanda jalan

parquímetro

meteran parkir

zoológico

kebun binatang

piscina

kolam renang

mesquita

mesjid

fazenda
pertanian

poluição
polusi

cemitério
kuburan

igreja
gereja

parquinho
tempat bermain

templo
pura

paisagem
pemandangan

folha
daun

placa de sinalização
penunjuk arah

caminho
jalanan

gramado
padang rumput

pedra
batu

árvore
pohon

caminhantes
pejalak kaki

rio
sungai

grama
rumput

flor
bunga

vale
lembah

montanha
bukit

lago
danau

floresta
hutan

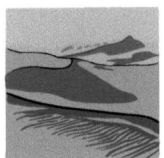

deserto
padang gurun

vulcão
gunung berapi

castelo
istana

arco-íris
pelangi

cogumelo
jamur

palmeira
pohon palem

mosquito
nyamuk

mosca
lalat

formiga
semut

abelha
lebah

aranha
laba-laba

besouro

kumbang

sapo

kodok

esquilo

tupai

ouriço

landak

lebre

kelinci

coruja

burung hantu

pássaro

burung

cisne

angsa

javali

babi jantan

veado

rusa

alce

rusa

barragem

bendungan

aerogerador

turbin angin

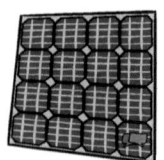

painel solar

panel surya

clima

iklim

restaurante

restauran

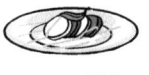

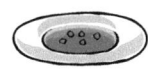

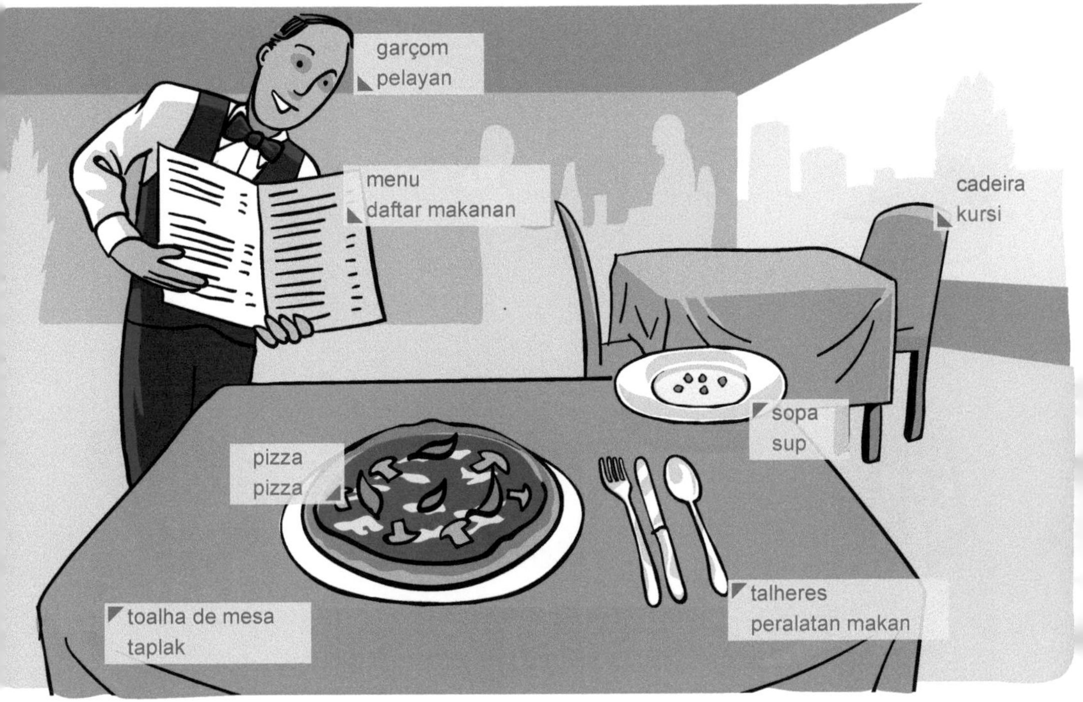

garçom
pelayan
menu
daftar makanan
cadeira
kursi
sopa
sup
pizza
pizza
talheres
peralatan makan
toalha de mesa
taplak

entrada

hindangan pembuka

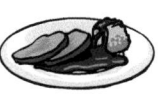

prato principal

hidangan utama

sobremesa

hidangan penutup

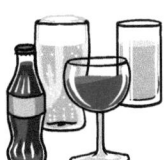

bebidas

minuman

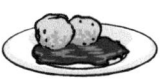

comida

makanan

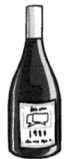

garrafa

botol

fastfood

fastfood

comida de rua

masakan jalanan

bule de chá

teko teh

açucareiro

kaleng gula

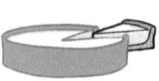

porção

porsi

máquina de expresso

mesin espresso

cadeirão

kursi tinggi

conta

tagihan

bandeja

baki

faca

pisau

garfo

garpu

colher

sendok

colher de chá

sendok teh

guardanapo

serbet

copo

gelas

prato
piring

prato de sopa
piring sup

pires
lepek

molho
saus

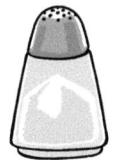

saleiro
tempat garam

moedor de pimenta
gilingan merica

vinagre
cuka

óleo
minyak

especiarias
bumbu

ketchup
saus tomat

mostarda
mustar

maionese
mayones

supermercado
supermarket

oferta especial
penawaran khusus
FOR
cliente
klien
laticínios
produk susu
frutas
buah
carrinho de compras
troli

BUTCHERS

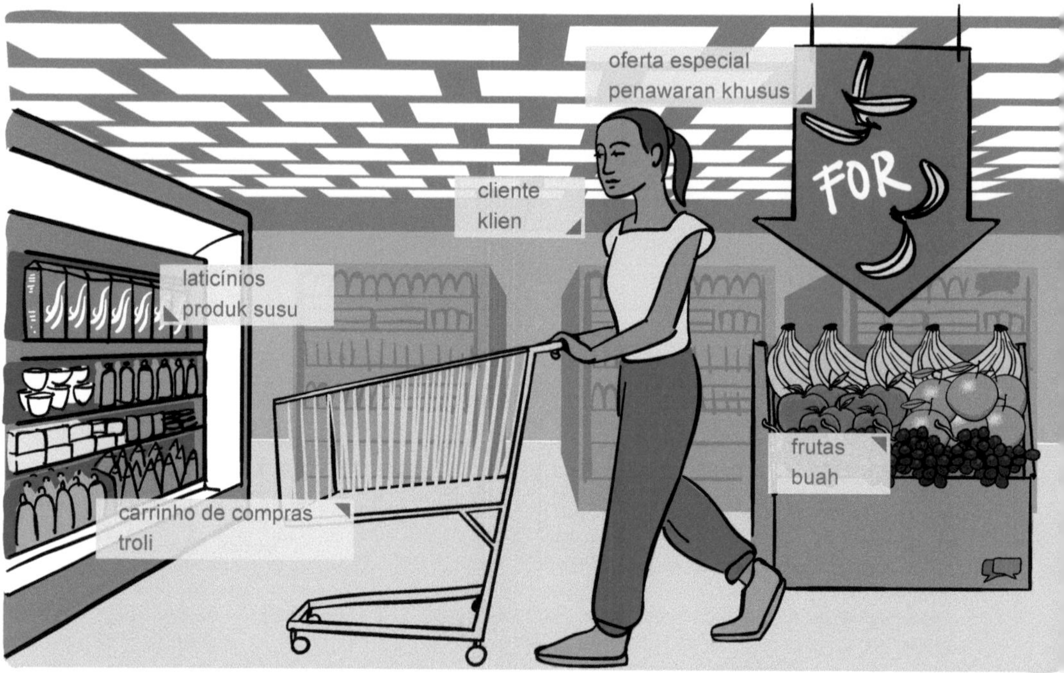

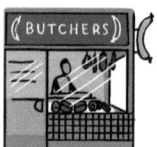

açougue

pembantai

BAKERY

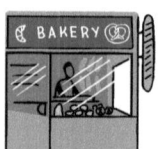

padaria

toko roti

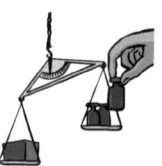

pesar

menimbang

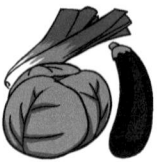

legumes

sayur

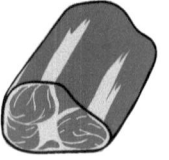

carne

daging

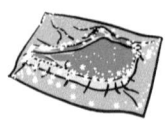

congelados

makanan beku

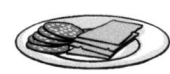

charcutaria

pemotongan dingin

conservas

makanan kaleng

detergente em pó

sabun serbuk

doces

permen

artigos domésticos

alat-alat rumah tangga

produtos de limpeza

obat pembersihan

vendedora

penjual

caixa

kasa

caixa

kasir

lista de compras

daftar belanja

horário de funcionamento

jam buka

carteira

dompet

cartão de crédito

kartu kredit

sacola

tas

saco plástico

kantong plastik

água
....
air

suco
....
jus

leite
....
susu

coca-cola
....
cola

vinho
....
anggur

cerveja
....
bir

álcool
....
alkohol

cacau
....
coklat

chá
....
teh

café
....
kopi

expresso
....
espresso

cappuccino
....
cappucino

banana

pisang

maçã

apel

laranja

jeruk

melão

semangka

limão

jeruk lemon

cenoura

wortel

alho

bawang putih

bambu

bambu

cebola

bawang bombai

cogumelo

jamur

nozes

kacang

macarrão

mi

espaguete

spagetti

arroz

nasi

salada

salat

batatas fritas

kentang goreng

batatas frias

kentang goreng

pizza

pizza

hambúrger

hamburger

sanduíche

sandwich

escalope

sayatan

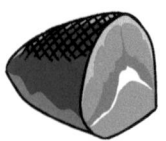

presunto

ham

salame

salami

salsicha

sosis

galinha

ayam

assado

menggoreng

peixe

ikan

flocos de aveia

bubur gandum

granola

sereal

flocos de milho

cornflakes

farinha

tepung

croissant

croissant

pãozinho

roti

pão

roti

torrada

toast

biscoitos

biskuit

manteiga

mentega

requeijão

dadih

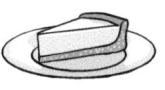

bolo

kue

ovo

telur

ovo frito

telur goreng

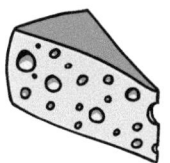

queijo

keju

sorvete

eskrim

açúcar

gula

mel

madu

geleia

selai

creme de avelãs

krim nugat

curry

kare

fazenda
pertanian

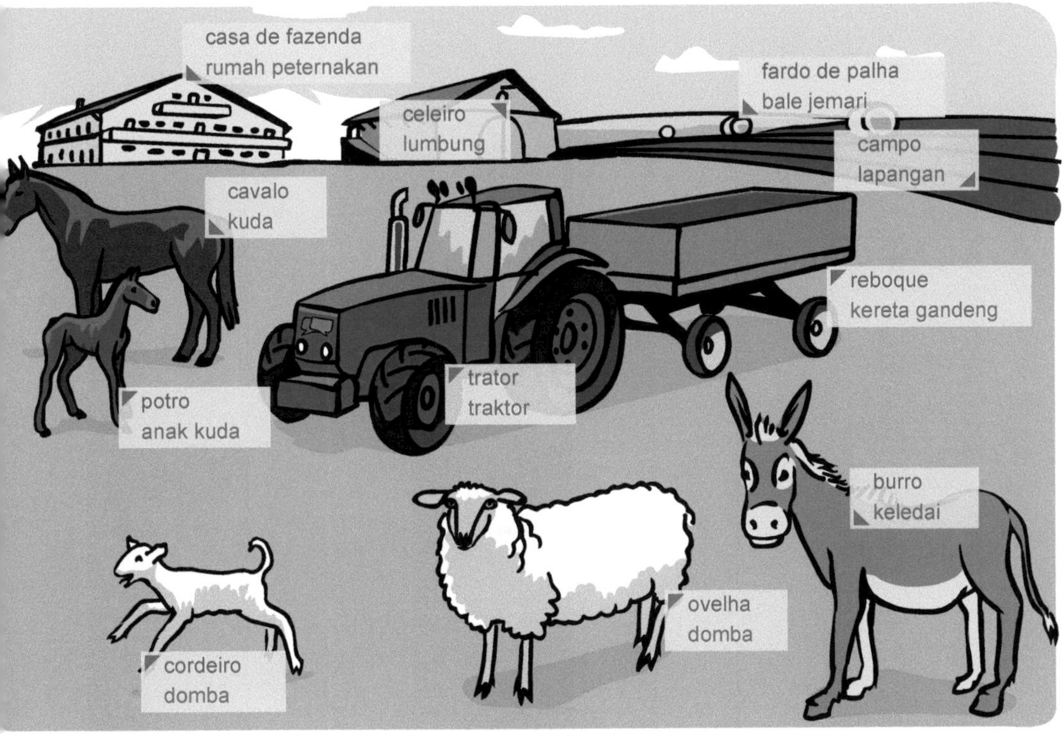
casa de fazenda
rumah peternakan
fardo de palha
bale jemari
celeiro
lumbung
campo
lapangan
cavalo
kuda
reboque
kereta gandeng
trator
traktor
potro
anak kuda
burro
keledai
ovelha
domba
cordeiro
domba

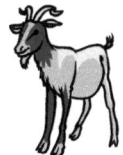

cabra

kambing

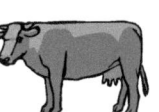

vaca

sapi

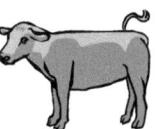

bezerro

betis

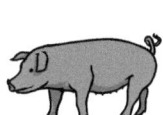

porco

babi

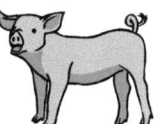

leitão

celeng

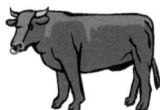

touro

banteng

ganso

angsa

pato

bebek

pintinho

anak ayam

galinha

ayam

galo

ayam jantan

ratazana

tikus

gato

kucing

camundongo

tikus

boi

lembu

cachorro

anjing

casinha do cachorro

rumah anjing

mangueira de jardim

selang

regador

penyiram

foice

sabit

arado

bajak

foice

sabit

enxada

cangkul

forquilha

garpu rumput

machado

kapak

carrinho de mão

gerobak

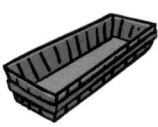

manjedoura

palung

jarra de leite

kaleng susu

saco

karung

cerca

pagar

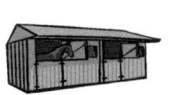

estábulo

kandang

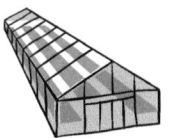

estufa

rumah kaca

solo

tanah

semente

benih

fertilizante

pupuk

colheitadeira

mesin pemanen

colher

panen

colheita

panen

inhame

yams

trigo

gandum

soja

kedelai

batata

kentang

milho

jagung

colza

lobak

árvore frutífera

pohon buah

mandioca

singkong

cereais

sereal

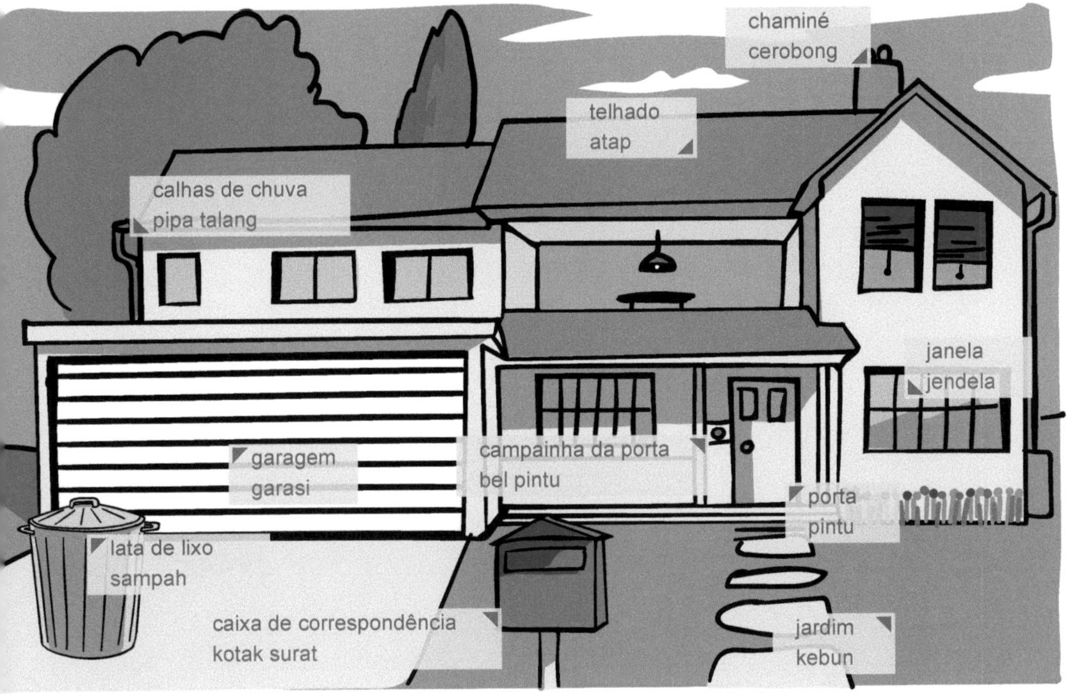

chaminé
cerobong

telhado
atap

calhas de chuva
pipa talang

janela
jendela

garagem
garasi

campainha da porta
bel pintu

porta
pintu

lata de lixo
sampah

caixa de correspondência
kotak surat

jardim
kebun

sala de estar
ruang tamu

banheiro
kamar mandi

cozinha
dapur

quarto de dormir
kamar tidur

quarto de criança
kamar anak

sala de jantar
kamar makan

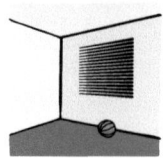

chão
lantai

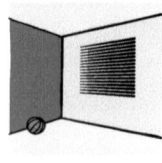

parede
tembok

teto
atap

porão
gudang di bawah tanah

sauna
sauna

varanda
balkon

terraço
teras

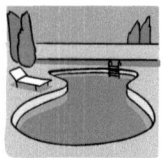

piscina
kolam renang

cortador de grama
mesin pemotong rumput

lençol
sprei

coberta
selimut

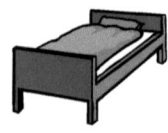

cama
tempat tidur

vassoura
sapu

balde
ember

interruptor
tombol

sala de estar
ruang tamu

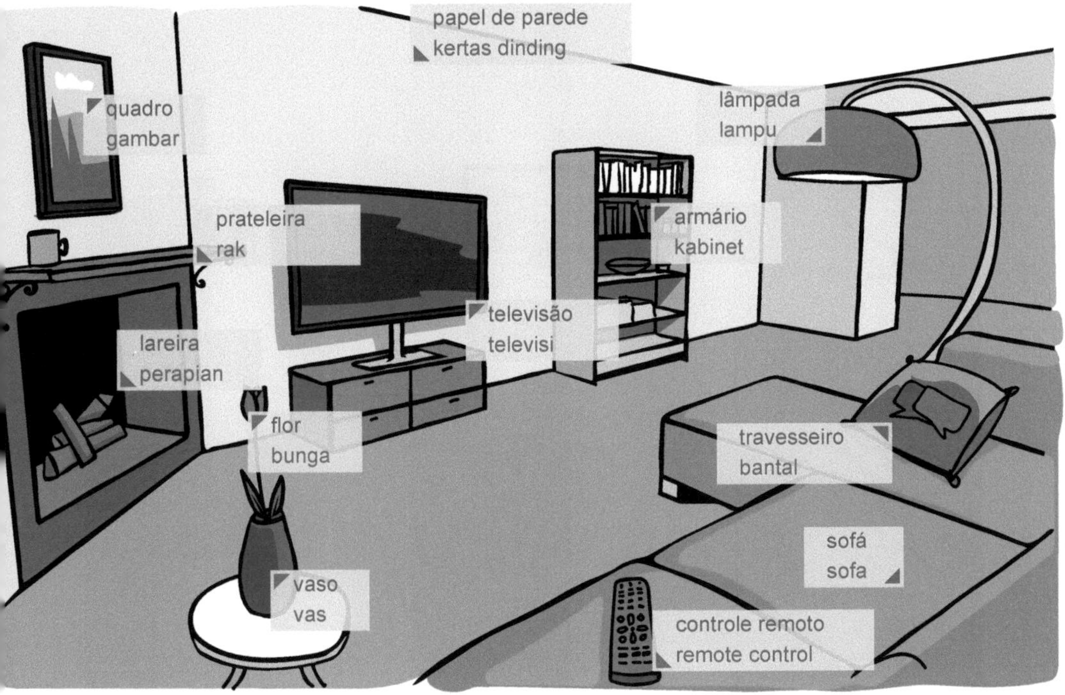

papel de parede
kertas dinding
quadro
gambar
lâmpada
lampu
prateleira
rak
armário
kabinet
televisão
televisi
lareira
perapian
flor
bunga
travesseiro
bantal
sofá
sofa
vaso
vas
controle remoto
remote control

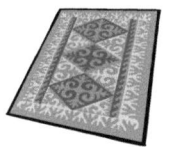

tapete
karpet

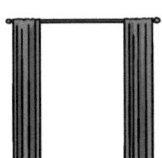

cortina
korden

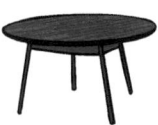

mesa
meja

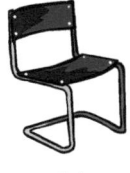

cadeira
kursi

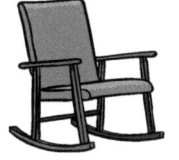

cadeira de balanço
kursi goyang

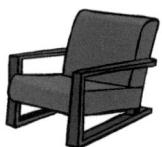

poltrona
kursi malas

livro

buku

cobertor

selimut

decoração

dekorasi

lenha

kayu bakar

filme

filem

equipamento de som

hi-fi

chave

kunci

jornal

koran

pintura

lukisan

pôster

poster

rádio

radio

bloco de notas

buku tulis

aspirador

penyedot debu

cacto

kaktus

vela

lilin

cozinha
dapur

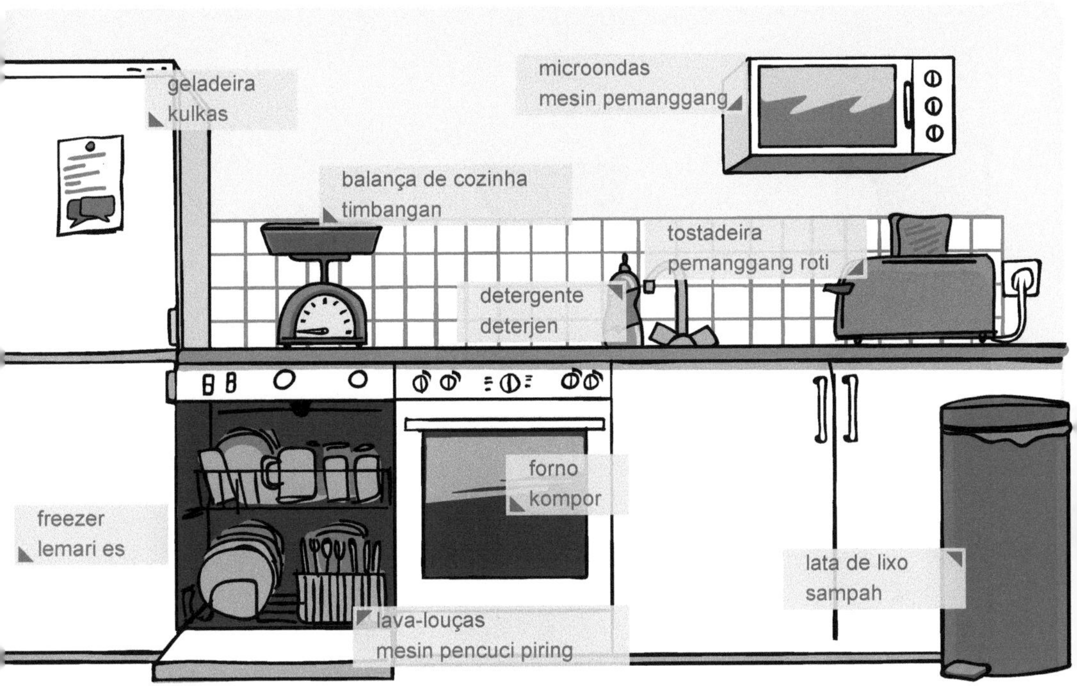
geladeira
kulkas
microondas
mesin pemanggang
balança de cozinha
timbangan
tostadeira
pemanggang roti
detergente
deterjen
forno
kompor
freezer
lemari es
lata de lixo
sampah
lava-louças
mesin pencuci piring

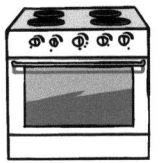

fogão
kompor

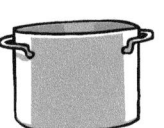

panela
panci

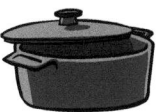

panela de ferro
panci besi

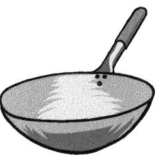

wok / kadai
wajan

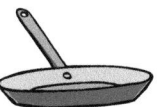

frigideira
panci

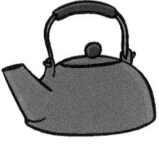

chaleira
pemanas air

panela a vapor

panci pengukus makanan

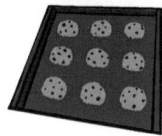

tabuleiro de forno

nampan

louça

piring

caneca

cangkir

caçarola

mangkok

hashi

sumpit

concha de sopa

sendok sup

espátula

sudip

batedor

mengocok

escorredor

saringan

peneira

saringan

ralador

parutan

almofariz

mortir

churrasqueira

barbeque

lareira

api terbuka

tábua de cortar

papan memotong

rolo da massa

gilingan

saca-rolhas

alat pembuka botol

lata

kaleng

abridor de latas

pembuka kaleng

pegador de panela

pegangan panci

pia

wastafel

escova

sikat

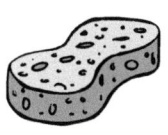

esponja

busa

liquidificador

mesin pencampur

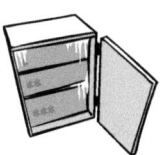

congelador

lemari es

mamadeira

botol bayi

torneira

keran

banheiro
kamar mandi

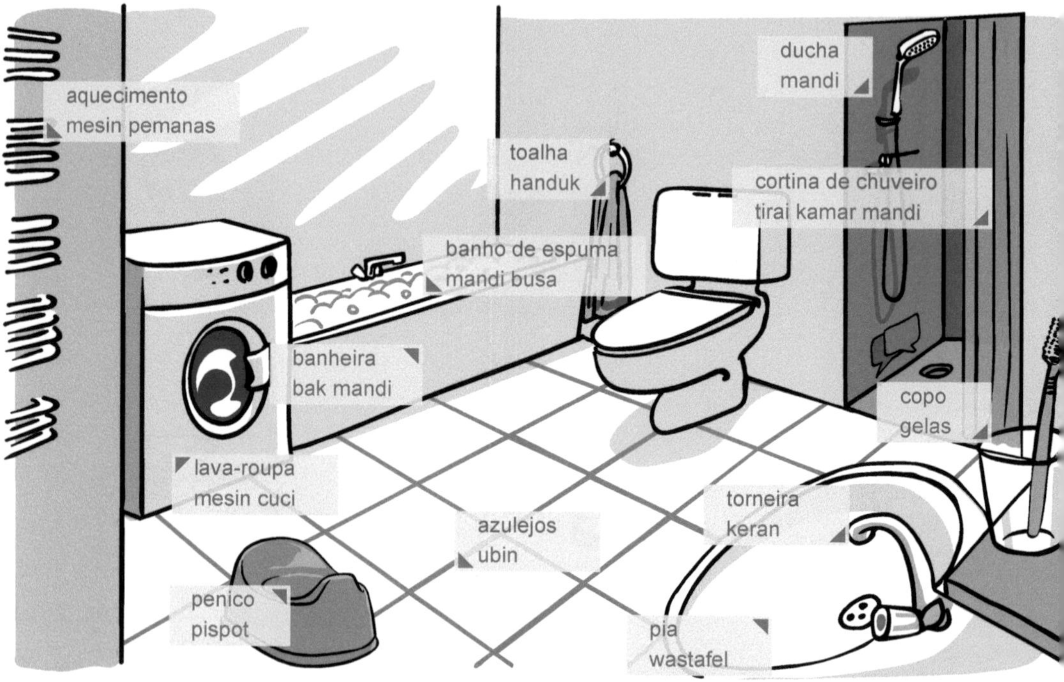

aquecimento
mesin pemanas
ducha
mandi
toalha
handuk
cortina de chuveiro
tirai kamar mandi
banho de espuma
mandi busa
banheira
bak mandi
copo
gelas
lava-roupa
mesin cuci
torneira
keran
azulejos
ubin
penico
pispot
pia
wastafel

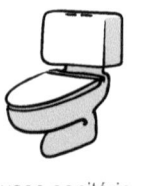

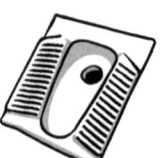

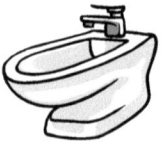

vaso sanitário

toilet

lavabo de agachar

toilet jongkok

bidê

bidet

mictório

pissoir

papel higiênico

kertas toilet

escova de privada

sikat toilet

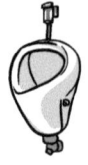

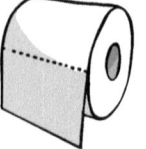

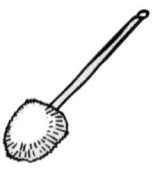

escova de dentes

sikat gigi

pasta de dentes

pasta gigi

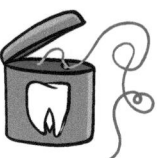

fio dental

benang gigi

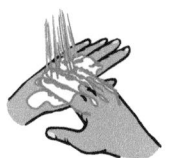

lavar

menyuci

ducha de mão

pancuran tangan

ducha íntima

pancuran

bacia

bak

escova para as costas

sikat punggung

sabonete

sabun

gel de banho

gel mandi

xampu

sampo

toalha de rosto

planel

escoamento

kuras

creme

krim

desodorante

deodoran

espelho
kaca

espelho de mão
cermin tangan

barbeador
pisau cukur

espuma de barbear
busa cukur

loção pós-barba
aftershave

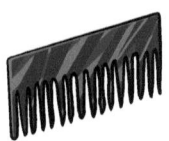

pente
sisir

escova
sikat

secador de cabelo
alat pengering rambut

spray de cabelo
semprot rambut

maquiagem
makeup

batom
lipstik

esmalte de unhas
cat kuku

algodão
kapas

tesoura para unhas
gunting kuku

perfume
minyak wangi

nécessaire

kantong pencuci

banquinho

bangku

balança

timbangan

roupão de banho

mantel mandi

luvas de borracha

sarung tangan karet

absorvente interno

tampon

absorvente íntimo

handuk pembalut

banheiro químico

toilet kimia

quarto de criança
kamar anak

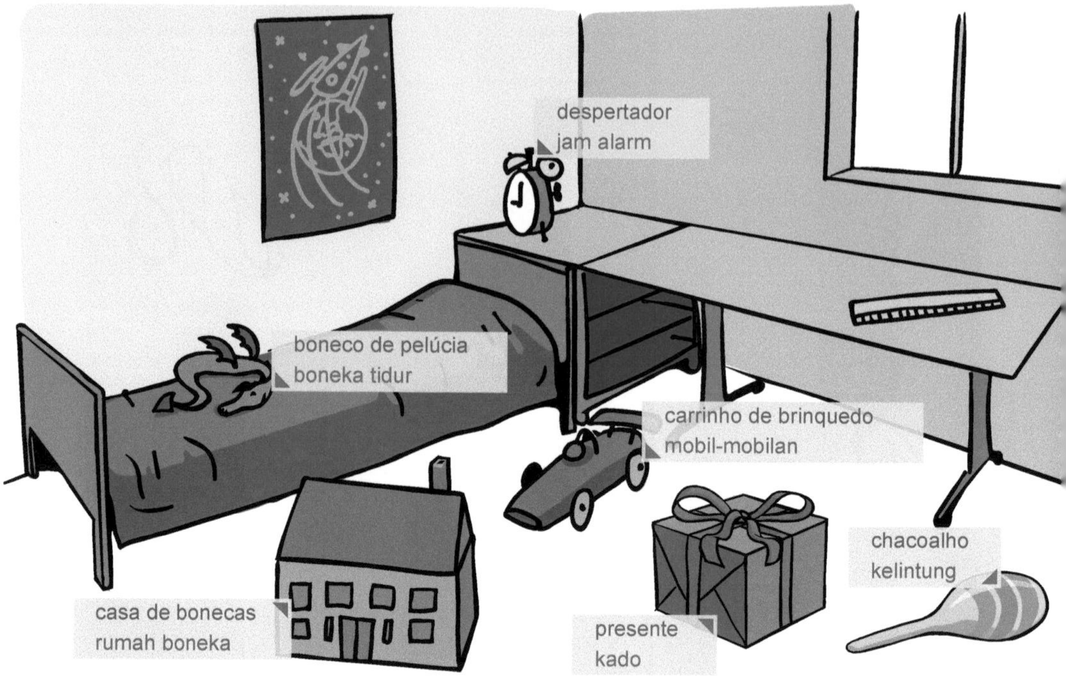
despertador
jam alarm
boneco de pelúcia
boneka tidur
carrinho de brinquedo
mobil-mobilan
chacoalho
kelintung
casa de bonecas
rumah boneka
presente
kado

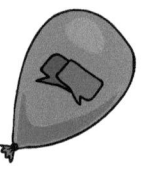

balão

balon

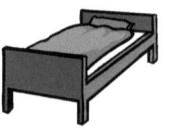

cama

tempat tidur

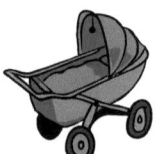

carrinho de bebê

kereta bayi

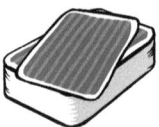

jogo de cartas

mainan kartu

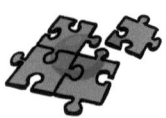

quebra-cabeças

teka-teki

SUPER
MEGA

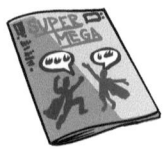

revista de quadrinhos

komik

peças de Lego

mainan lego

blocos de construção

blok mainan

figura de ação

figur aksi

macaquinho de bebê

baju monyet

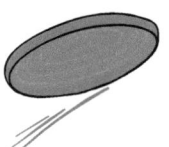

frisbee

frisbee

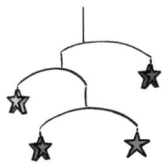

móbile para bebé

mobile

jogo de tabuleiro

permainan papan

dados

dadu

trenzinho elétrico

set model kreta api

chupeta

dot

festa

pesta

livro ilustrado

buku gambar

bola

bola

boneca

boneka

brincar

bermain

caixa de areia

tempat main pasir

balanço

ayunan

brinquedos

mainan

videogame

video game konsol

triciclo

sepeda roda tiga

ursinho de pelúcia

teddy

guarda-roupa

lemari pakaian

vestuário

pakaian

meias

kaos kaki

meias pelo joelho

kaos kaki

meias-calças

baju ketat

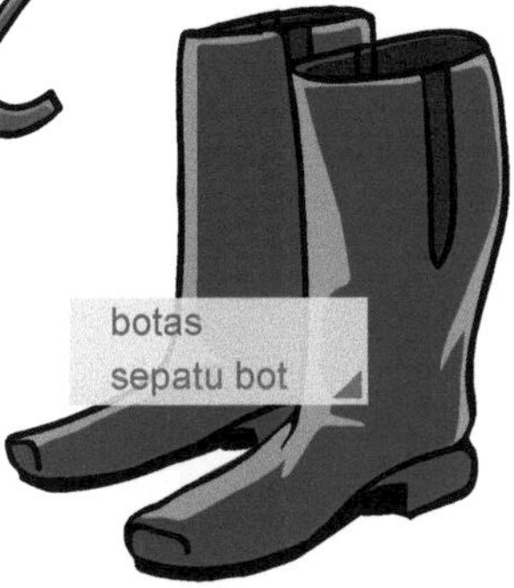

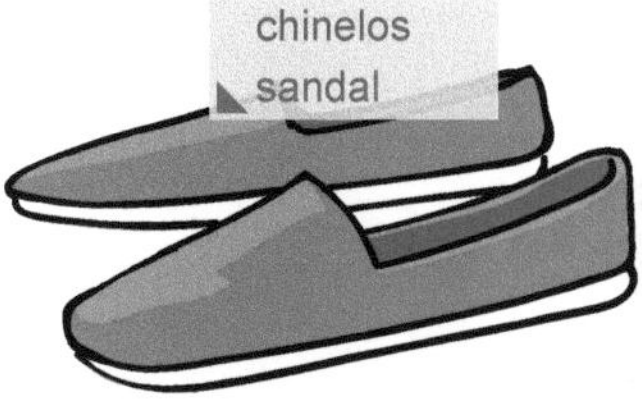

cachecol
syal

guarda-chuva
payung

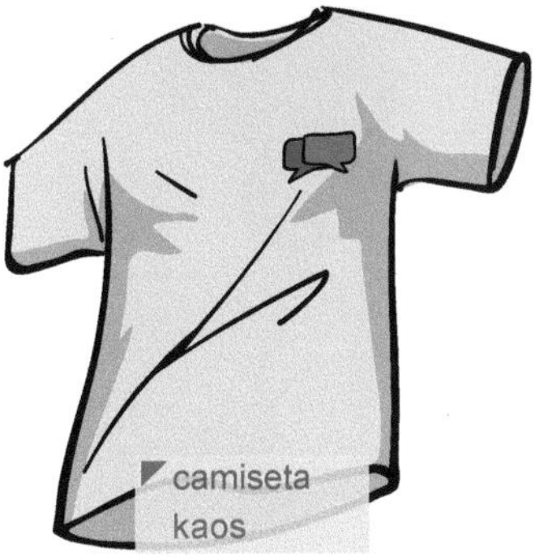

camiseta
kaos

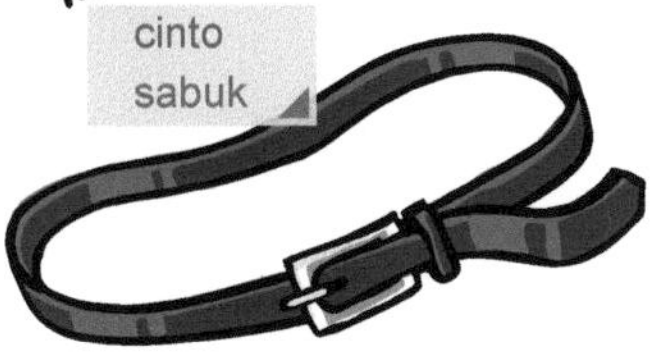

cinto
sabuk

botas
sepatu bot

chinelos
sandal

tênis
sepatu

sandálias
sandal

sapatos
sepatu

botas de borracha
sepatu bot karet

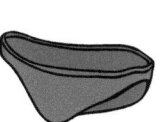

roupa de baixo
celana dalam

sutiã
BH

camiseta de baixo
baju rompi

body
body

calças
celana

jeans
jeans

saia
rok

blusa
blus

camisa
kemeja

pulôver
aket berkerudung

suéter com capuz
sweater

blazer
jaket

jaqueta
jaket

casaco
mantel

gabardine
jas hujan

traje
kostum

vestido
gaun

vestido de casamento
gaun pengantin

terno
setelan resmi

camisola
gaun tidur

pijama
piyama

sari
sari

lenço de cabeça
jilbab

turbante
turban

burca
burka

cafetã
kaftan

abaya
abaya

maiô
pakaian renang

sunga
celana renang

shorts
celana pendek

roupa de treino
olah raga

avental
celemek

luvas
sarung tangan

botão

kancing

óculos

kacamata

pulseira

gelang

colar

kalung

anel

cincin

brinco

anting

boné

topi

cabide

gantungan mantel

chapéu

topi

gravata

dasi

zíper

ritsleting

capacete

helm

suspensórios

tali selempang

uniforme escolar

seragam sekolah

uniforme

seragam

babador
....
oto

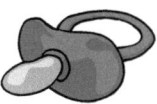

chupeta
....
dot

fralda
....
popok

escritório
kantor

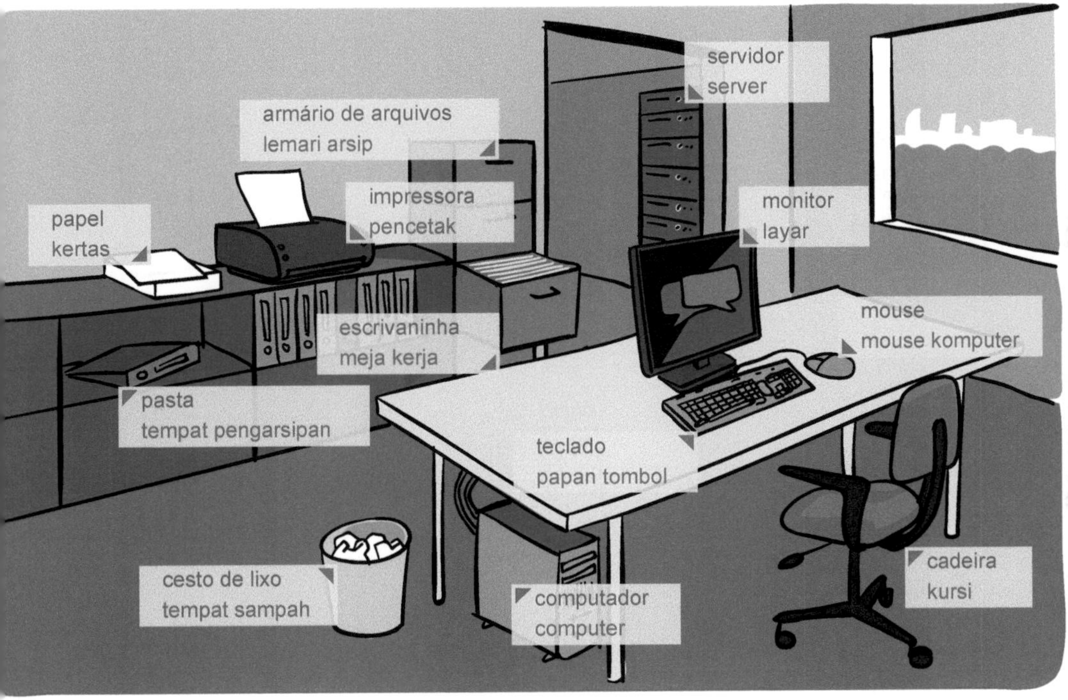

servidor
server

armário de arquivos
lemari arsip

impressora
pencetak

papel
kertas

monitor
layar

escrivaninha
meja kerja

mouse
mouse komputer

pasta
tempat pengarsipan

teclado
papan tombol

cesto de lixo
tempat sampah

cadeira
kursi

computador
computer

xícara de café
....
cangkir kopi

calculadora
....
kalkulator

internet
....
internet

laptop
laptop

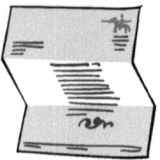

carta
surat

mensagem
pesan

celular
telepon seluler

rede
jaringan

copiadora
fotokopi

software
software

telefone
telepon

tomada
plug soket

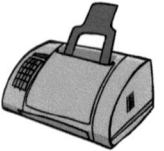

fax
mesin fax

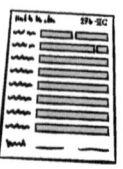

formulário
formulir

documento
dokumen

comprar

membeli

pagar

membayar

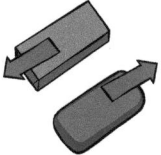

negociar

berdagang

dinheiro

uang

Dólar

Dollar

Euro

Euro

Yen

Yen

rublo

Rubel

franco suíço

Franc Swiss

renminbi yuan

Renminbi Yuan

rupia

Rupiah

caixa eletrônico

ATM

casa de câmbio

kantor pertukaran mata uang

ouro

emas

prata

perak

petróleo

minyak

energia

energi

preço

harga

contrato

kontrak

imposto

pajak

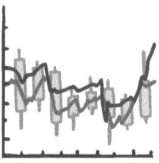

ação

saham

trabalhar

bekerja

empregado

karyawan

empregador

majikan

fábrica

pabrik

loja

toko

profissões
pekerjaan

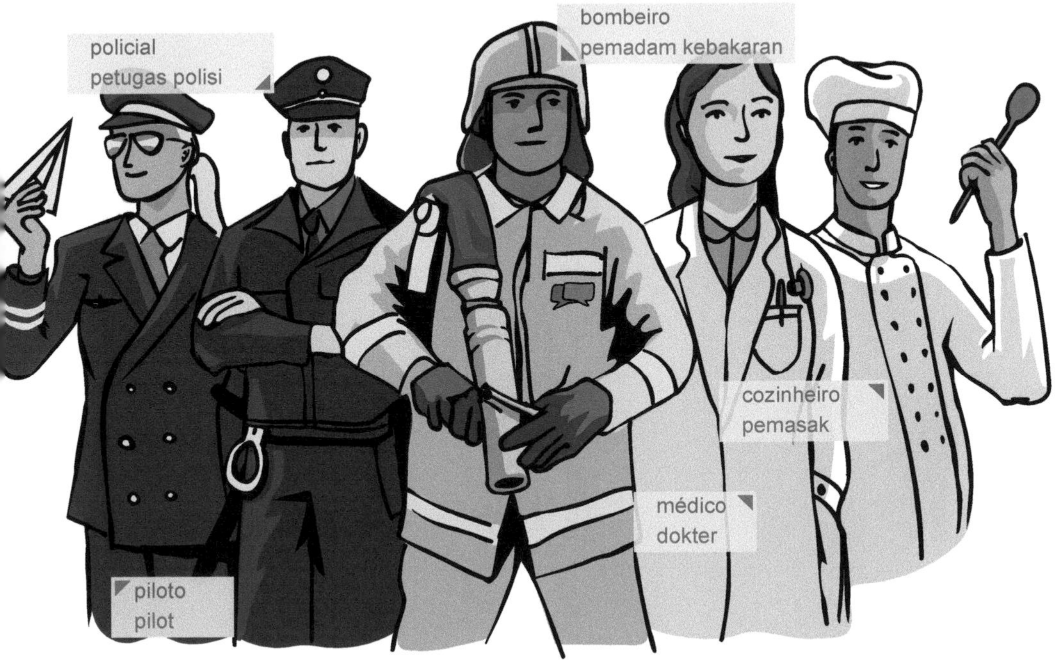
policial
petugas polisi
bombeiro
pemadam kebakaran
cozinheiro
pemasak
médico
dokter
piloto
pilot

jardineiro

tukan kebun

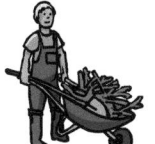

marceneiro

tukang kayu

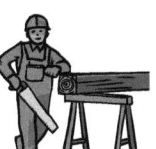

costureira

penjahit wanita

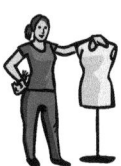

juiz

hakim

químico

ahli kimia

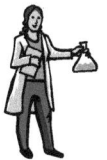

ator

aktor

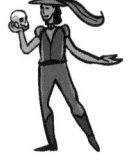

motorista de ônibus

sopir bis

motorista de táxi

sopir taksi

pescador

nelayan

faxineira

pembantu

telhador

tukang atap

garçom

pelayan

caçador

pemburu

pintor

pelukis

padeiro

tukang roti

eletricista

tukang listrik

construtor

pembangun

engenheiro

insinyur

açougueiro

tukang daging

encanador

tukang ledeng

carteiro

tukang pos

soldado

tentara

arquiteto

arsitek

caixa

kasir

florista

penjual bunga

cabelereiro

penata rambut

condutor

konduktor

mecânico

montir

capitão

kapten

dentista

dokter gigi

cientista

ilmuwan

rabino

rabbi

imam

imam

monge

biarawan

pastor

pendeta

ferramentas
alat

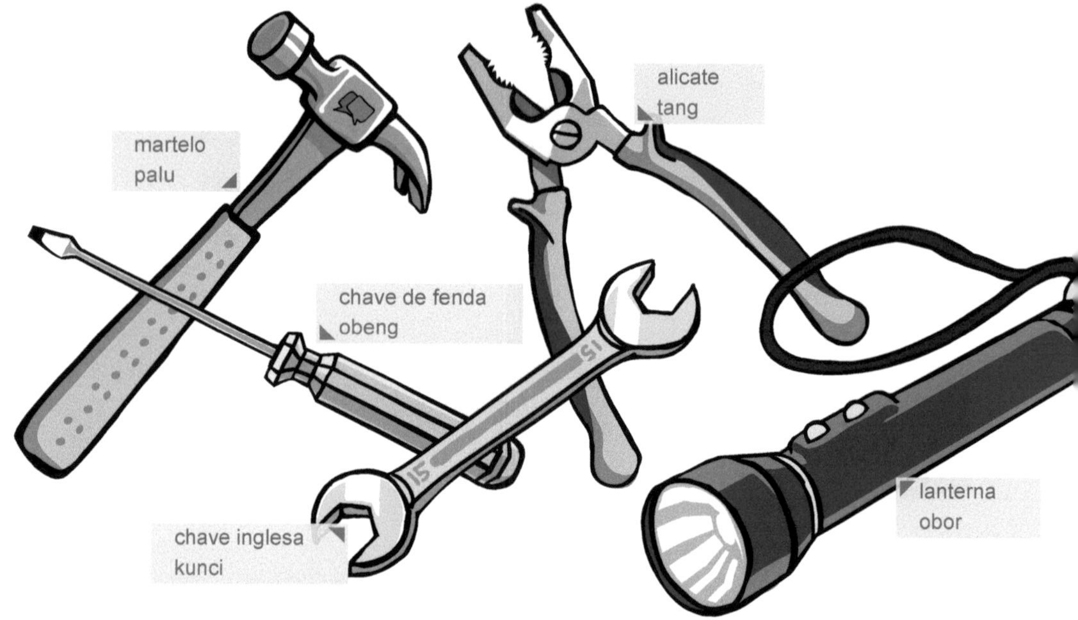
martelo
palu
alicate
tang
chave de fenda
obeng
chave inglesa
kunci
lanterna
obor

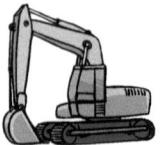

escavadora

penggali

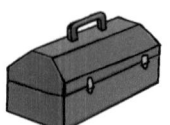

caixa de ferramentas

tas perkakas

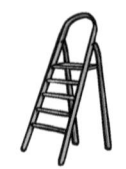

escada de mão

tangga

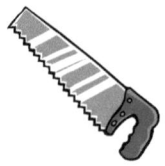

serra

gergaji

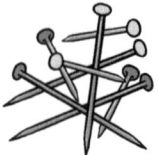

pregos

paku

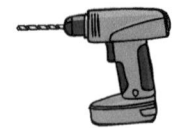

furadeira

bor

consertar
perbaikan

pá
sekop

Droga!
Sialan!

pá de lixo
cikrak

pote de tinta
pot cat

parafusos
sekrup

instrumentos musicais
alat musik

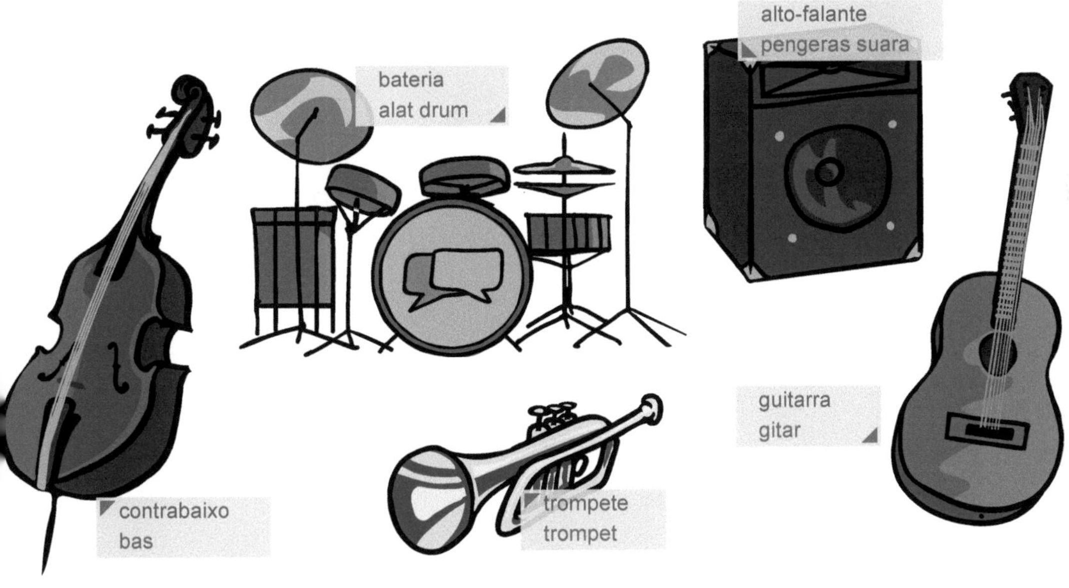

alto-falante
pengeras suara

bateria
alat drum

guitarra
gitar

contrabaixo
bas

trompete
trompet

piano

piano

violino

violin

baixo

bass

timbales

tambur

tambor

drum

teclado

keyboard

saxofone

saksofon

flauta

suling

microfone

mikrofon

zoológico
kebun binatang

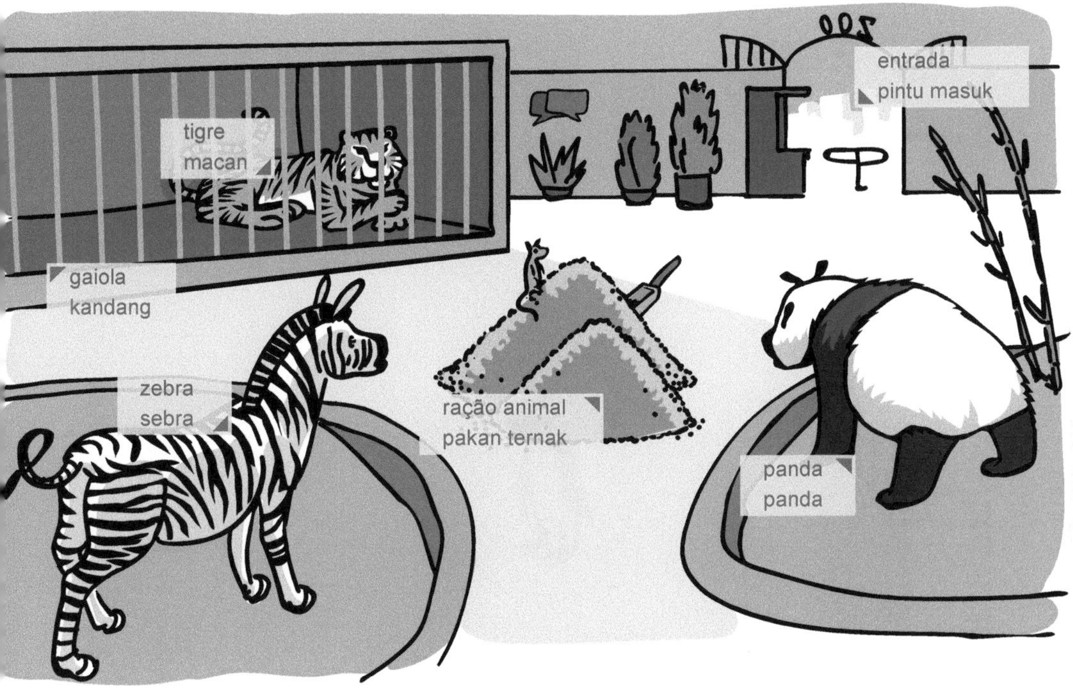

tigre
macan
entrada
pintu masuk
gaiola
kandang
zebra
sebra
ração animal
pakan ternak
panda
panda

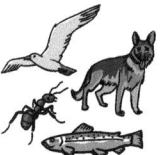

animais
hewan

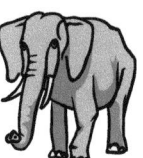

elefante
gajah

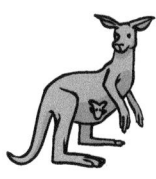

canguru
kanguru

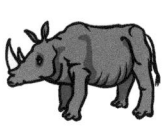

rinoceronte
badak

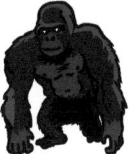

gorila
gorila

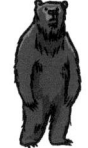

urso
beruang

camelo

unta

avestruz

burung unta

leão

singa

macaco

monyet

flamingo

flamingo

papagaio

burung beo

urso polar

beruang polar

pinguim

penguin

tubarão

hiu

pavão

merak

cobra

ular

crocodilo

buaya

guarda do zoológico

penjaga kebun binatang

foca

segel

jaguar

jaguar

pônei

kuda poni

leopardo

macan tutul

hipopótamo

kuda nil

girafa

jerapah

águia

burung elang

javali

babi jantan

peixe

ikan

tartaruga

kura-kura

morsa

anjing laut

raposa

rubah

gazela

kijang

esportes

olahraga

futebol americano
american football

ciclismo
naik sepeda

tênis
tennis

basquete
basketbal

natação
bernang

boxe
tinju

hóquei no gelo
hoki es

futebol
sepak bola

badminton
badminton

atletismo
atletik

handebol
bola tangan

esqui
main ski

polo
polo

atividades
aktivitas

rir
ketawa
pular
meloncat
abraçar
memeluk
andar
berjalan
cantar
menyanyi
sonhar
mengimpi
rezar
berdoa
beijar
mencium

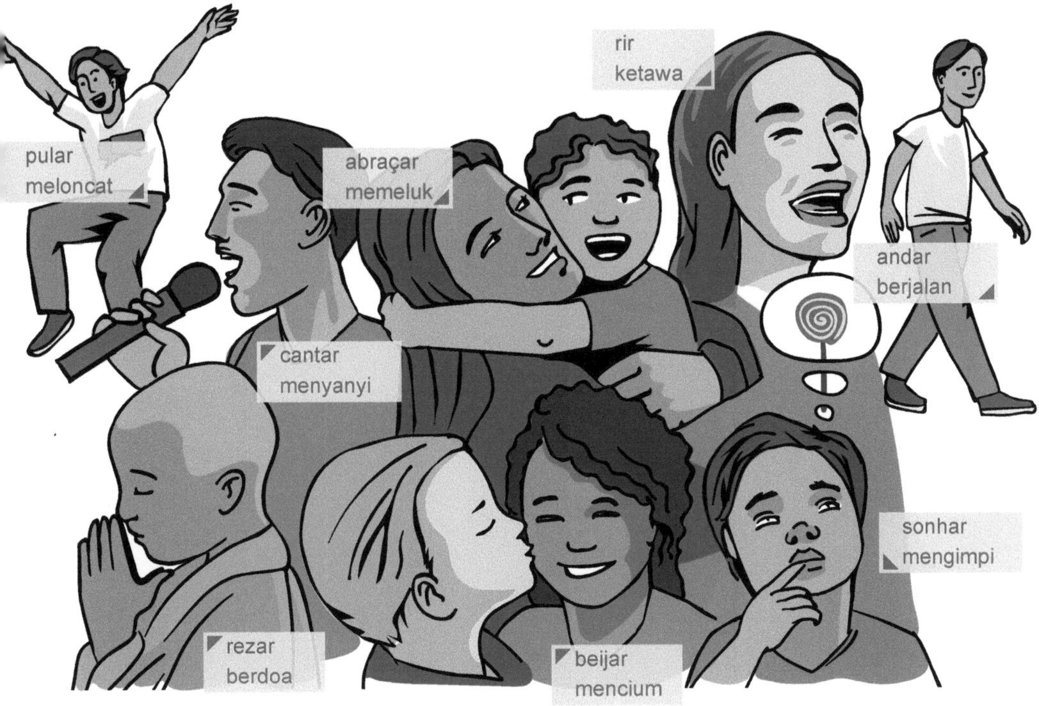

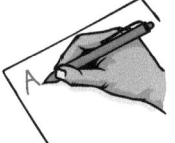

escrever

menulis

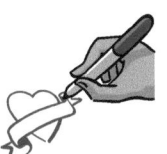

desenhar

melukis

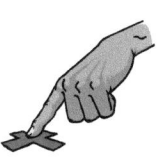

mostrar

menunjuk

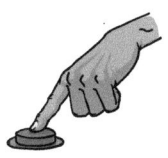

empurrar

mendorong

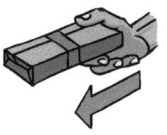

dar

memberikan

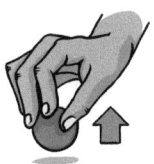

tomar

mengambil

ter

mempunyai

fazer

melakukan

ser

adalah

ficar de pé

berdiri

correr

berlari

puxar

menarik

jogar

melempar

cair

jatuh

deitar

tidur

esperar

menunggu

carregar

membawa

sentar

duduk

vestir

berpakaian

dormir

tidur

despertar

bangun

olhar para
melihat

chorar
menangis

acariciar
mengelus

pentear
menyisir

falar
berbicara

entender
mengerti

perguntar
menanyak

ouvir
mendengar

beber
minum

comer
makan

arrumar
merapikan

amar
cinta

cozinhar
memasak

dirigir
menyetir

voar
terbang

velejar

berlayar

calcular

menghitung

ler

membaca

aprender

belajar

trabalhar

bekerja

casar

menikah

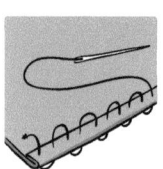

costurar

menjahit

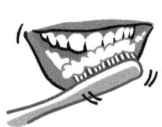

escovar os dentes

sikat gigi

matar

membunuh

fumar

merokok

enviar

kirim

avó
nenek

avô
kakek

pai
bapak

mãe
ibu

bebê
bayi

filha
putri

filho
putra

convidado

tamu

tia

bibi

tio

paman

irmão

kakak laki

irmã

kakak perempuan

corpo
badan

testa
dahi
olho
mata
ombro
bahu
dedo
jari
rosto
muka
queixo
dagu
mão
tangan
peito
payudara
perna
kaki
braço
lengan

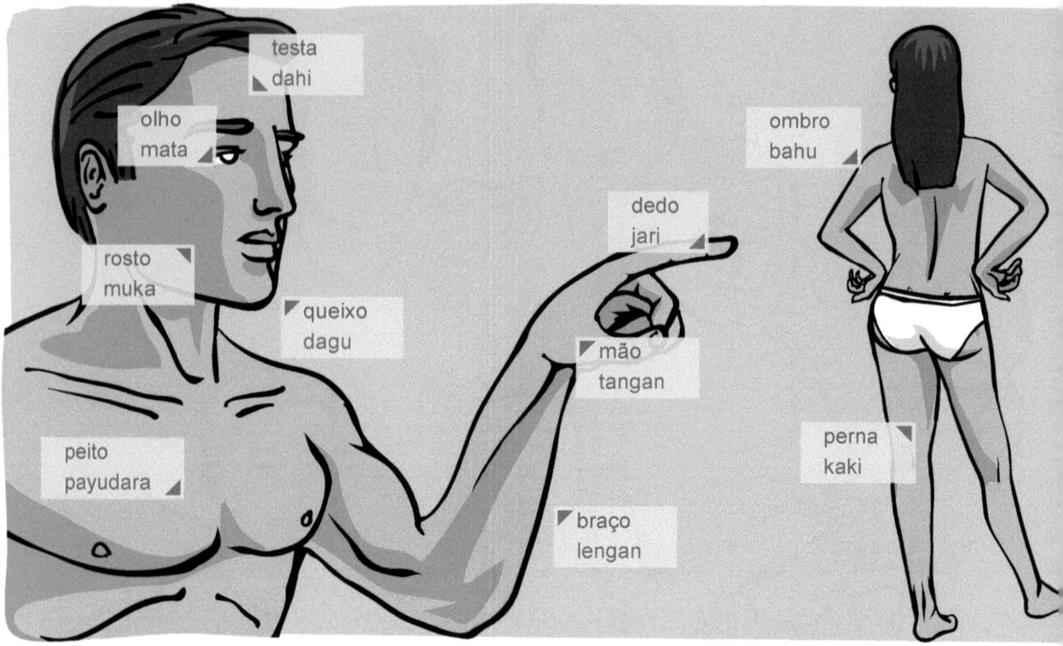

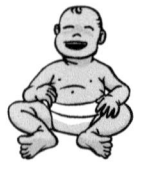

bebê

bayi

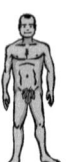

homem

pria

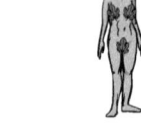

mulher

wanita

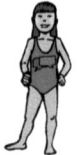

menina

perempuan

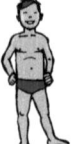

menino

laki

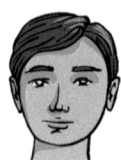

cabeça

kepala

costas

punggung

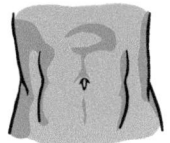

barriga

perut

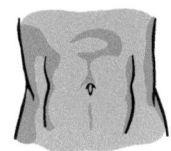

umbigo

pusar

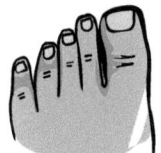

dedo do pé

toe

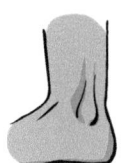

calcanhar

tumit

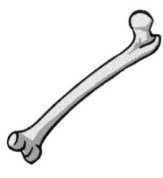

osso

tulang

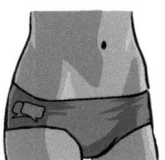

anca

pinggang

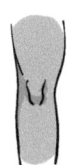

joelho

lutut

cotovelo

siku

nariz

hidung

nádegas

pantat

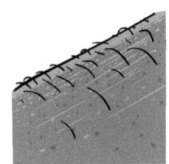

pele

kulit

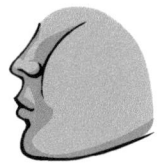

bochecha

pipi

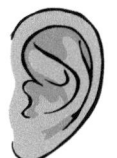

orelha

telinga

lábio

bibir

boca

mulut

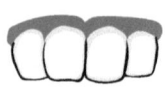

dente

gigi

língua

lidah

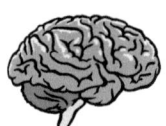

cérebro

otak

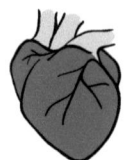

coração

jantung

músculo

otot

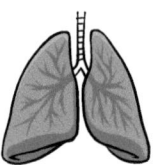

pulmão

paru-paru

fígado

hati

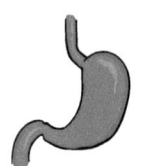

estômago

stomach

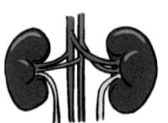

rins

ginjal

relações sexuais

hubungan seks

preservativo

kondom

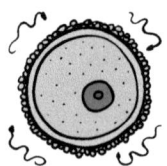

óvulo

sel telur

esperma

sperma

gravidez

kehamilan

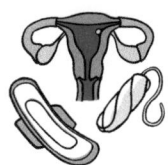

menstruação

menstruasi

vagina

vagina

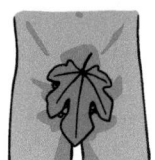

pênis

penis

sobrancelha

alis

cabelo

rambut

pescoço

leher

hospital
rumah sakit

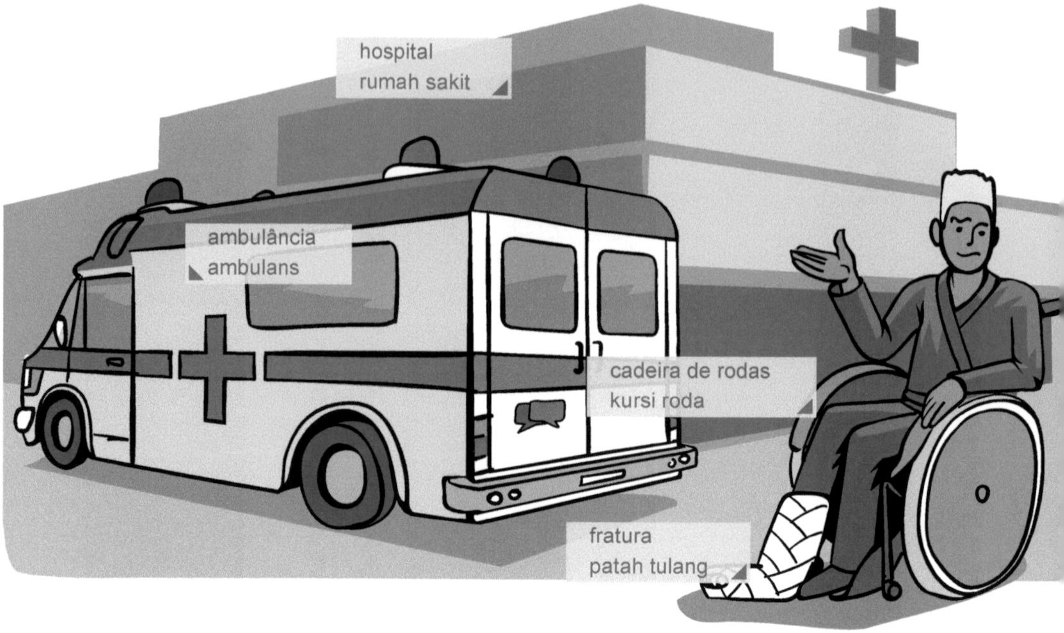

hospital
rumah sakit
ambulância
ambulans
cadeira de rodas
kursi roda
fratura
patah tulang

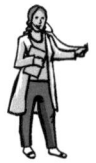

médico

dokter

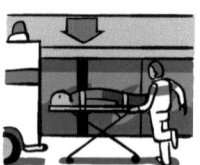

pronto-socorro

ruang darurat

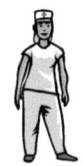

enfermeira

perawat

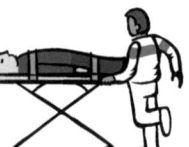

emergência

darurat

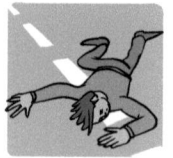

inconsciente

semaput

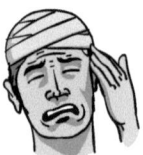

dor

sakit

ferimento

cedera

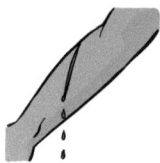

hemorragia

perdarahan

ataque cardíaco

serangan jantung

acidente vacular cerebral

stroke

alergia

alergi

tosse

batuk

febre

demam

gripe

flu

diarreia

diare

dor de cabeça

sakit kepala

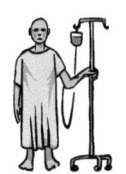

câncer

kanker

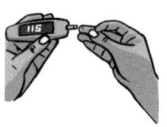

diabetes

diabetes

cirurgião

ahli bedah

bisturi

pisau bedah

operação

operasi

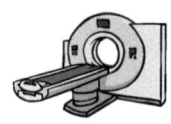

CT
CT

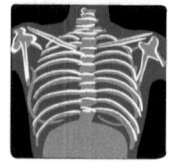

raio x
sinar x

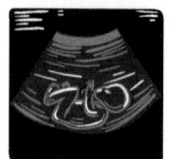

ultrassom
usg

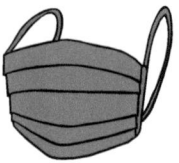

máscara
topeng

doença
penyakit

sala de espera
ruang tunggu

muleta
penyokong

bandeide
plester

ligadura
perban

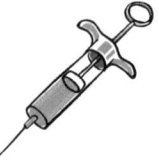

injeção
injeksi

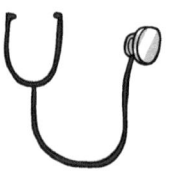

estetoscópio
stetoskop

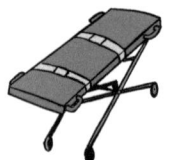

maca
usungan

termômetro
termometer klinis

nascimento
kelahiran

excesso de peso
kelebihan berat badan

aparelho auditivo

alat pendengar

desinfetante

desinfektan

infecção

infeksi

vírus

virus

HIV / AIDS

HIV / AIDS

medicamento

obat

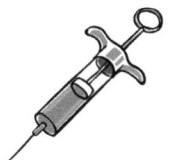

vacinação

vaksinasi

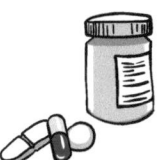

comprimidos

tablet

pílula

pil

chamada de emergência

panggilan darurat

dispositivo de medição de
pressão arterial

ukur tekanan darah

doente / saudável

sakit / sehat

Socorro!

Tolong!

alarme

alarm

assalto

penyerbuan

ataque

serangan

perigo

bahaya

saída de emergência

pintu darurat

Fogo!

Api!

extintor de incêndios

alat pemadam kebakaran

acidente

kecelakaan

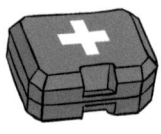

maleta de primeiros socorros

kit pertolongan pertama

SOS

SOS

polícia

polisi

Europa

Eropa

América do Norte

Amerika Utara

América do Sul

Amerika Selatan

África

Afrika

Ásia

Asia

Austrália

Australi

Atlântico

Atlantik

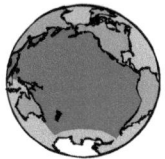

Pacífico

Pasifik

Oceano Índico

Samudra India

Oceano Antártico

Samudra Antartika

Oceano Ártico

Samudra Arktik

Polo Norte

kutub utara

Polo Sul

kutub selatan

Antártica

Antarktika

Terra

bumi

terra

tanah

mar

laut

ilha

pulau

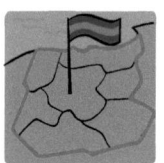

nação

bangsa

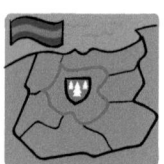

estado

negara

mostrador do relógio

jam wajah

ponteiro das horas

jarum pendek

ponteiro dos minutos

jarum menit

ponteiro dos segundos

jarum detik

Que horas são?

Jam berapa?

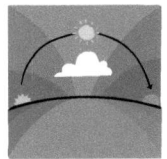

dia

hari

tempo

waktu

agora

sekarang

relógio digital

jam digital

minuto

menit

hora

jam

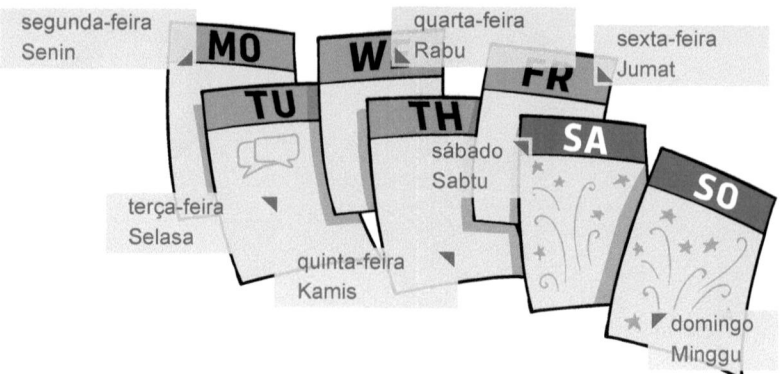

segunda-feira
Senin

quarta-feira
Rabu

sexta-feira
Jumat

terça-feira
Selasa

quinta-feira
Kamis

sábado
Sabtu

domingo
Minggu

ontem

kemaren

hoje

hari ini

amanhã

besok

manhã

pagi

meio-dia

siang

entardecer

malam

MO	TU	WE	TH	FR	SA	SU
1	2	3	4	5	6	7
8	9	10	11	12	13	14
15	16	17	18	19	20	21
22	23	24	25	26	27	28
29	30	31	1	2	3	4

dias úteis

hari kerja

MO	TU	WE	TH	FR	SA	SU
1	2	3	4	5	6	7
8	9	10	11	12	13	14
15	16	17	18	19	20	21
22	23	24	25	26	27	28
29	30	31	1	2	3	4

fim de semana

akhir minggu

ano
tahun

chuva
hujan
arco-íris
pelangi
vento
angin
neve
salju
primavera
musim semi
outono
musim gugur
verão
musim panas
inverno
musim dingin

4.APRIL 11°
5.APRIL 4°
6.APRIL 13°
7.APRIL 8°
8.APRIL 10°

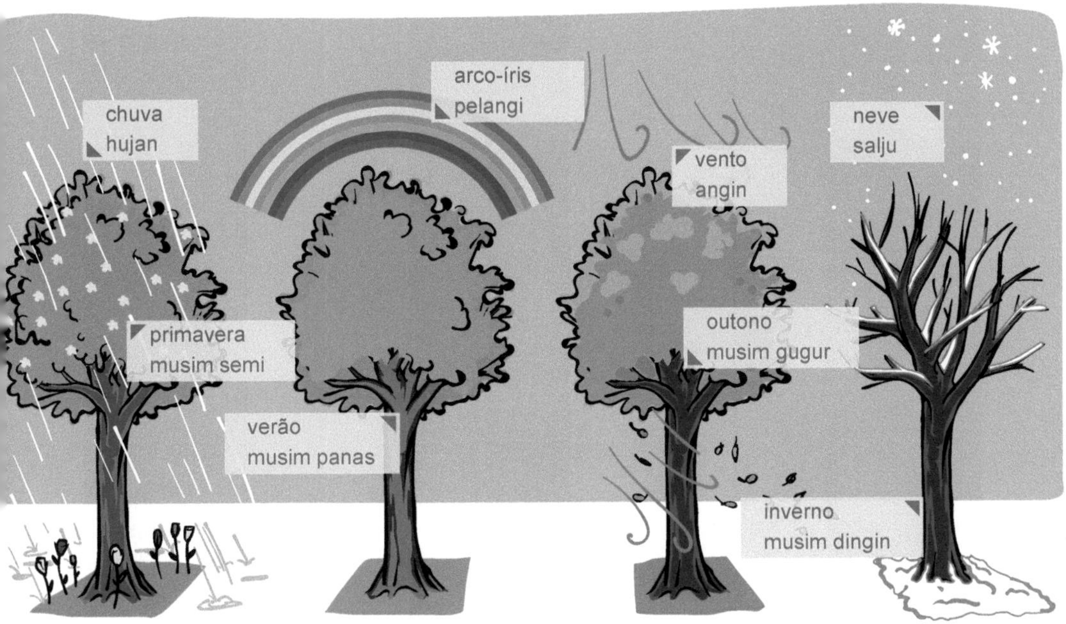

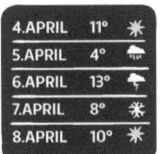

previsão do tempo

ramalan cuaca

F C

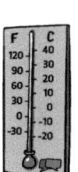

termômetro

termometer

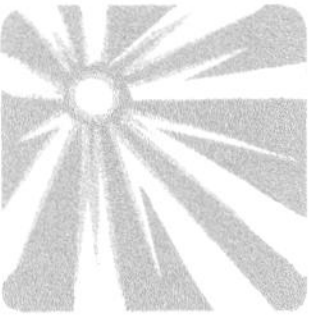

raio de sol

matahari

nuvem

awan

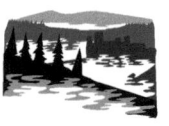

neblina / nevoeiro

kabut

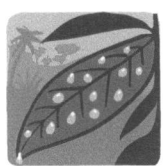

umidade do ar

kelembahan

relâmpago
kilat

trovão
guntur

tempestade
badai

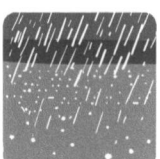

granizo
hujan es

monção
monsun

inundação
banjir

gelo
es

janeiro
Januari

fevereiro
Februari

março
Maret

abril
April

maio
Mei

junho
Juni

julho
Juli

agosto
Agustus

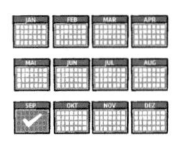

setembro

September

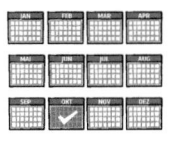

outubro

Oktober

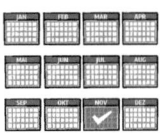

novembro

November

dezembro

Desember

círculo

lingkaran

quadrado

persegi

retângulo

persegi panjang

triângulo

segi tiga

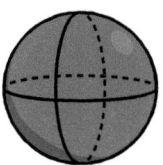

esfera

bola

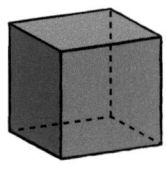

cubo

kubus

branco

putih

amarelo

kuning

laranja

oranye

rosa

pink

vermelho

merah

lilás

ungu

azul

biru

verde

hijau

marrom

coklat

cinza

abu-abu

preto

hitam

muito / pouco

banyak / sedikit

furioso / tranquilo

marah / tenang

lindo / feio

cantik / jelek

começo / fim

mulaih / selesai

grande / pequeno

besar / kecil

claro / escuro

terang / gelap

irmão / irmã

saudara laki-laki / saudara perempuan

limpo / sujo

bersih / kotor

completo / incompleto

lengkap / tidak lengkap

dia / noite

hari / malam

morto / vivo

mati / hidup

largo / estreito

luas / sempit

comestível / não comestível

dapat dimakan / tidak dapat dimakan

mau / gentil

jahat / baik

entusiasmado / entediado

bersemangat / bosan

gordo / magro

gemuk / kurus

primeiro / último

pertama / terakhir

amigo / inimigo

teman / musuh

cheio / vazio

penuh / kosong

duro / macio

keras / lembut

pesado / leve

berat / enteng

fome / sede

lapar / haus

doente / saudável

sakit / sehat

ilegal / legal

ilegal / legal

inteligente / idiota

cerdas / bodoh

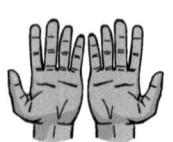

esquerda / direita

kiri / kanan

perto / longe

dekat / jauh

novo / usado

baru / bekas

nada / alguma coisa

tidak ada apapun / sesuatu

velho / jovem

tua / muda

ligado / desligado

nyala / mati

aberto / fechado

buka / tutup

baixo / alto

tenang / keras

rico / pobre

kaya / miskin

certo / errado

benar / salah

áspero / liso

kasar / halus

triste / feliz

sedih / gembira

curto / longo

pendek / panjang

lento / rápido

pelan-pelan / cepat

molhado / seco

basah / kering

ameno / fresco

hangat / sejuk

guerra / paz

perang / damai

0

zero
nol

1

um
satu

2

dois
dua

3

três
tiga

4

quatro
empat

5

cinco
lima

6

seis
enam

7

sete
tujuh

8

oito
delapan

9

nove
sembilan

10

dez
sepuluh

11

onze
sebelas

12

doze

duabelas

13

treze

tigabelas

14

quatorze

empatbelas

15

quinze

limabelas

16

dezesseis

enambelas

17

dezessete

tujuhbelas

18

dezoito

delapanbelas

19

dezenove

sembilanbelas

20

vinte

duapuluh

100

cem

seratus

1.000

mil

seribu

1.000.000

milhão

juta

idiomas

bahasa-bahasa

inglês

Inggris

inglês americano

bahasa Inggris Amerika

chinês mandarim

bahasa Cina Mandarin

hindi

bahasa Hindi

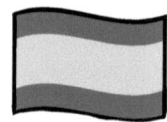

espanhol

bahasa Spanyol

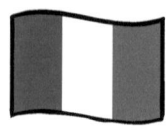

francês

bahasa Perancis

árabe

bahasa Arab

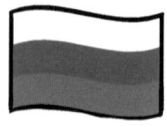

russo

bahasa Rusia

português

bahasa Portugis

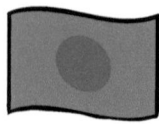

bengalês

bahasa Bengal

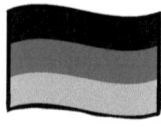

alemão

bahasa Jerman

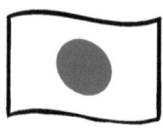

japonês

bahasa Jepang

eu

saya

você

kamu

ele / ela

dia

nós

kita

vocês

kalian

eles / elas

mereka

quem?

siapa?

O quê?

apa?

como?

begaimana?

onde?

dimana?

Quando?

kapan?

nome

nama

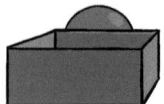

atrás
·················
dibelakang

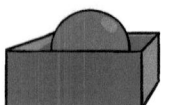

em
·················
di

na frente de
·················
didepan

sobre
·················
diatas

em cima
·················
diatas

debaixo
·················
dibawah

do lado
·················
sebelah

entre
·················
di antara

lugar
·················
tempat